BEI GRIN MACHT SICH IHR WISSEN BEZAHLT

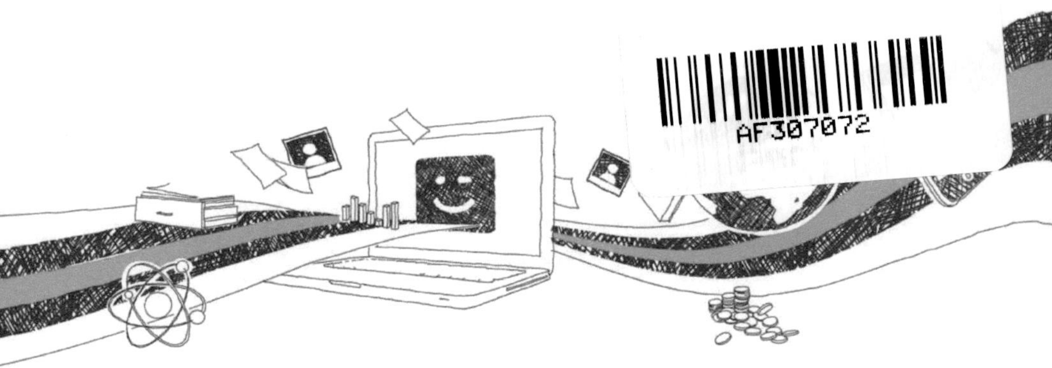

- Wir veröffentlichen Ihre Hausarbeit, Bachelor- und Masterarbeit

- Ihr eigenes eBook und Buch - weltweit in allen wichtigen Shops

- Verdienen Sie an jedem Verkauf

Jetzt bei www.GRIN.com hochladen und kostenlos publizieren

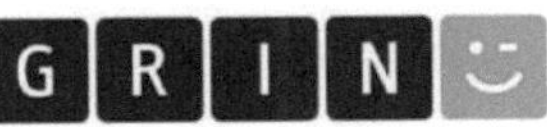

Ernst Probst

Betty Grable - Der Kassenmagnet der 1940-er Jahre

GRIN Verlag

Bibliografische Information der Deutschen Nationalbibliothek:

Die Deutsche Bibliothek verzeichnet diese Publikation in der Deutschen National-
bibliografie; detaillierte bibliografische Daten sind im Internet über http://dnb.d-
nb.de/ abrufbar.

Impressum:

Copyright © 2012 GRIN Verlag, Open Publishing GmbH
Druck und Bindung: Books on Demand GmbH, Norderstedt Germany
ISBN: 978-3-656-21662-9

Dieses Buch bei GRIN:

http://www.grin.com/de/e-book/195646/betty-grable-der-kassenmagnet-der-1940-
er-jahre

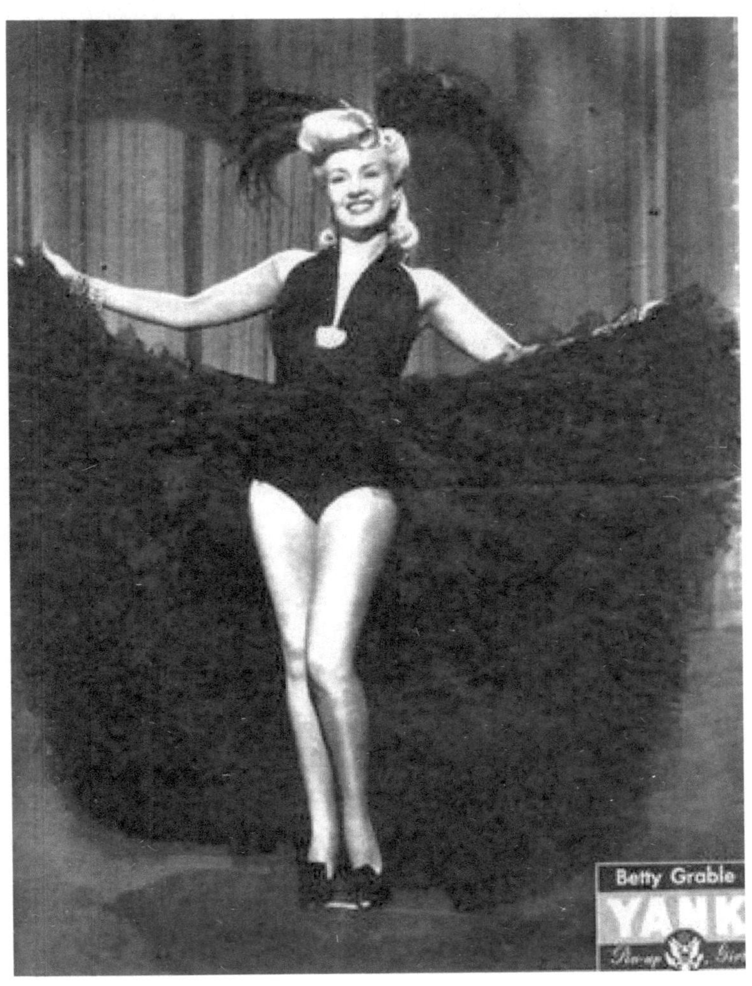

Betty Grable (1916–1973)

Ernst Probst

Betty Grable

Der Kassenmagnet
der 1940-er Jahre

Beate Werner,
Bernd Werner,
Marianne Werner,
Otto Werner,
Sonja Werner,
Dr. Jochen Werner,
Christine Werner und
Steffen Werner
gewidmet

Betty Grable

Der Kassenmagnet der 1940-er Jahre

Beliebtestes Pin-up-Girl der US-Soldaten im Zweiten Weltkrieg war die amerikanische Schauspielerin, Sängerin und Tänzerin Betty Grable (1916–1973), eigentlich Elizabeth Ruth Grable. Die lebhafte Blondine konnte weder hervorragend schauspielern noch besonders gut singen oder tanzen und behauptete sich trotzdem ein Jahrzehnt lang als Publikums- und Kassenmagnet.

Elizabeth „(„Betty") Ruth Grable kam am 18. Dezember 1916 als jüngstes von drei Kindern des Ehepaares John Conn Grable (1883–1954) und Lillian Rose Hofmann (1889–1964) in St. Louis (Missouri) zur Welt. In der Literatur wird der Vater als Buchhalter oder Getreidehändler bezeichnet, manchmal auch als Börsenmakler oder Lastwagenfahrer. Eigentlich hatten die Eltern kein drittes Kind gewollt. Bettys Schwester Marjorie (1909–1980) war damals sieben Jahre alt und ihr Bruder John kurz zuvor gestorben.

Die herrische Mutter träumte davon, Tänzerin zu werden. Weil sie selbst zum Tanzen aber kein Talent hatte, beschloss sie, an ihrer Stelle solle zumindest eine ihrer Töchter ein Tanzstar werden. Als sie mit Betty schwanger war, brach sich die Mutter eine Hüfte. Da sie die Behandlung ihrer gebrochenen Hüfte während ihrer Schwangerschaft ablehnte, litt die Mutter ihr ganzes Leben lang gesundheitlich unter den Folgen.

Weil ihre Schwester Marjorie keine Karriere im Show-Business anstrebte, wurde stattdessen Betty von der ehrgeizigen Mutter zur Schauspielerei angetrieben. Die Mutter brachte ihr bei, zu singen, zu tanzen und Witze zu erzählen. Außerdem lernte Betty, Saxophon und Ukelei zu spielen.

Auf Wunsch der Mutter besuchte Betty bereits im Alter von drei Jahren die Tanzschule „Clarks Dance School". Um ihre Tochter beim Tanzunterricht bei Laune zu halten, bestach die Mutter sie mit Besuchen in Pferdeställen, weil Betty Pferde liebte.

Gegen den Willen ihres Ehemannes, der nicht wollte, dass seine Tochter auf der Bühne vorgeführt wurde, ließ die Mutter die siebenjährige Betty in einer Amateur-Talentshow auftreten. Als Betty in der Endrunde nur den dritten Platz erreichte, schlug ihr die Mutter ins Gesicht. Die Mutter zeigte auf ihre kranke Hüfte und schimpfte, sie habe Qualen gelitten, um Betty zur Welt zu bringen. Sie solle es nicht wagen, sie im Stich zu lassen.

Als der Vater mehr verdiente, konnte die Familie Grable in eine bessere Wohnung in St. Louis umziehen. Nach einem Urlaub der Familie im Jahre 1929 in Kalifornien entschied die Mutter, sie wolle mit Betty dort bleiben,

um in Hollywood die Künstlerkarriere ihrer jüngeren Tochter voranzubringen. In Hollywood besuchte Betty die „Hollywood Professional School" und nahm Tanzunterricht an der „Ernest Blecher Academy" sowie an der „Albertina Rasch School" der aus Österreich stammenden Tänzerin Albertina Rasch (1896–1967).
Im Alter von zwölf Jahren erhielt Betty Grable ihre erste Filmrolle als Revuetänzerin in „Happy Days" („Tanzbeine aus Hollywood", 1929). Darin und auch später noch mehrfach wurde sie im Abspann nicht erwähnt. Nach dem Gesetz mussten damals Mädchen über 15 Jahre alt sein, um in einem Chor tanzen zu dürfen. Betty galt mit zwölf noch zu jung hierfür. Da die Tänzerinnen in „Happy Days" mit einem schwarzen Gesicht auftraten, konnte man aber ihr Alter nicht erkennen. Später verhalf ihr die Mutter durch Make-up und Färben ihrer Haare in Platinblond zu einem älteren Aussehen. Der Vater war von den Auftritten seiner Tochter in Filmen weniger begeistert als deren Mutter. Für den nächsten geplanten Auftritt von Betty in einem Film fälschte deren Mutter sogar ihr Alter. Doch dieser Betrug fiel auf und Betty wurde gefeuert.
Im Alter von 13 Jahren erhielt Betty 1930 einen Filmvertrag bei „Metro-Goldwyn-Mayer" („MGM"). Sie war eines von 20 „Goldwyn-Girls", zu denen unter anderem auch Lucille Ball (1911–1989), Virginia Bruce (1910–1982), Ann Dvorak (1912–1979) und Paulette Goddard (1910–1990) gehörten.

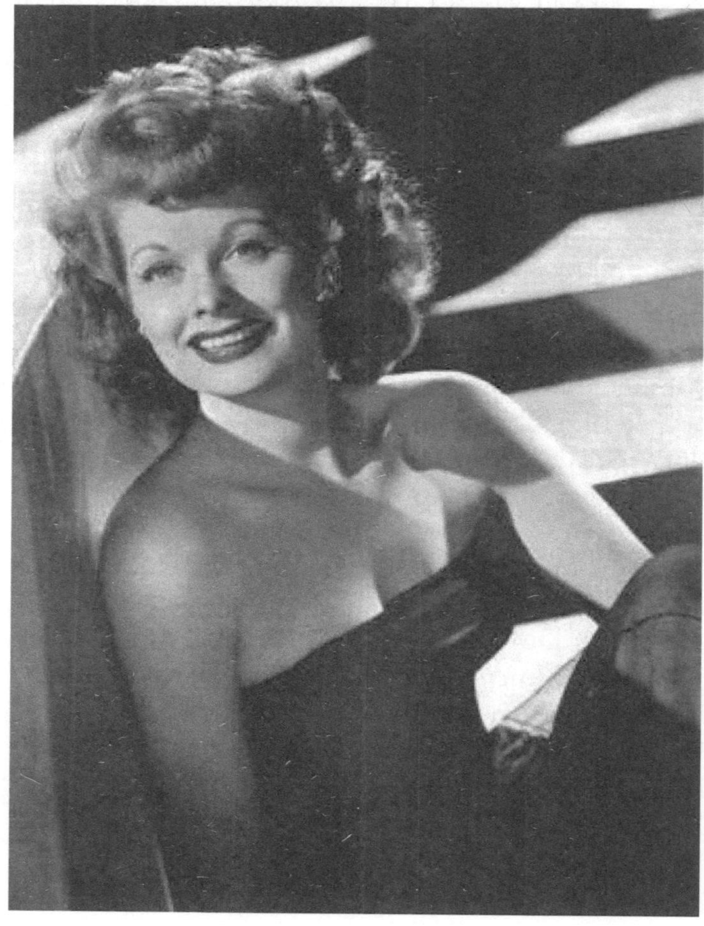

Lucille Ball (1911–1989)

Als „Goldwyn-Girl" spielte Betty 1930 in „Let's Go Places" und „New Movietone Follies of 1930" noch Nebenrollen. Danach erhielt sie neben Eddie Cantor (1892–1964) eine kleine Rolle in „Whoopee!" (1930). Dieser Film trug in Österreich den Titel „Alles ... nur nicht heiraten!". „Whoopee!" handelt von einer weißen Frau, die einen Indianer liebt. Doch ihr Vater glaubt, er könne sie mit dem Sheriff zusammenbringen. Erst nach allerlei Aufregungen stellt sich heraus, dass der vermeintliche Indianer das Kind eines verstorbenen weißen Ehepaares ist. Nun können die beiden Liebenden heiraten.

In „Crashing Hollywood" (1931) trat Betty Grable erstmals unter dem Pseudonym „Frances Dean" auf. Diesen wohlklingenden Künstlernamen hatte ihr der „MGM"-Produzent Samuel Goldwyn (1879–1974) vorgeschlagen. Der Name „Frances Dean" erschien auch in anderen Filmen von 1931 und 1932 im Abspann. In „Kiki" (1931) trat Betty Grable neben der 22 Jahre älteren Mary Pickford (1893–1979), welche die Hauptrolle spielte, kurz auf. Im Gegensatz zu „Amerikas Sweetheart" Pickford erwähnte man die Grable erneut nicht im Abspann. Im Abspann aufgeführt wurde Betty dagegen in „Probation" (1932).

Neben Fred Astaire (1899–1987) und Ginger Rogers (1911–1995), einem Traum-Tanzpaar auf der Kinoleinwand, sah man Betty Grable in „The Gay Divorce" (1934). In Deutschland hieß dieser Streifen

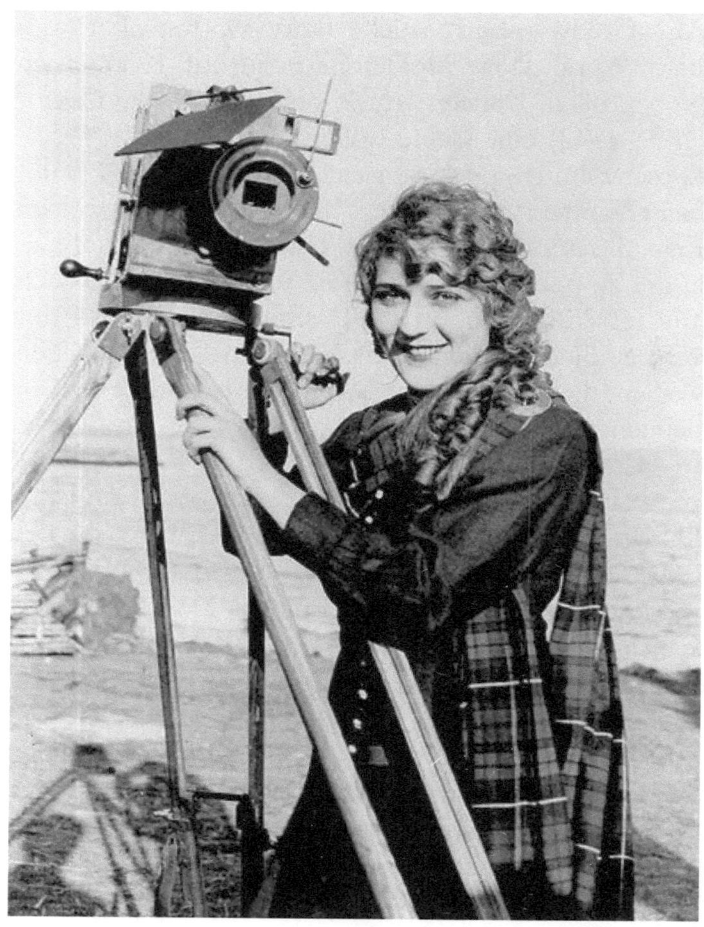

Mary Pickford (1893–1979)

später „Scheidung auf Amerikanisch" und in Österreich „Lustige Scheidung". Im Musikfilm „Student Tour" (1934) trat Betty zusammen mit dem Komiker Jimmy Durante (1893–1980) sowie mit Charles Butterworth (1896–1946) und Maxine Doyle (1915–1973) auf.

1935 begegnete Betty Grable dem bekannten ehemaligen Kinderstar Jackie Coogan. Mit ihm zusammen ging sie mit der Show „Hollywood Secrets" auf Tournee und machte sich einen Namen. Coogan spielte auch in ihrem Privatleben eine wichtige Rolle, wovon später noch die Rede sein wird.

Ein Wiedersehen mit Fred Astaire und Ginger Rogers gab es für Betty Grable in „Follow the Fleet" (1936). Dieser Film kam in Deutschland unter dem Titel „Marine gegen Liebeskummer" und in Österreich als „Die Matrosen kommen" in die Kinos. In „Pigskin Parade" (1936) wirkte außer Betty auch Judy Garland (1922–1969) mit.

1937 wechselte Betty Grable zum Filmstudio „Paramount", wo man ihr etwas bessere Rollen anbot. Doch ihre Filmkarriere verharrte weiterhin auf dem Niveau einer Nebendarstellerin. Man sah sie unter anderem in „Thrill of a Lifetime" (1937), mit Bob Hope in „Give me a Sailor" (1938) und in „Million Dollars Legs" (1939). „Million Dollar Legs" von 1939 hat nichts zu tun mit dem gleichnamigen Streifen aus dem Jahre 1932 von W. C. Fields (1880–1946). Bei den „Millionen-Dollar-Bei-

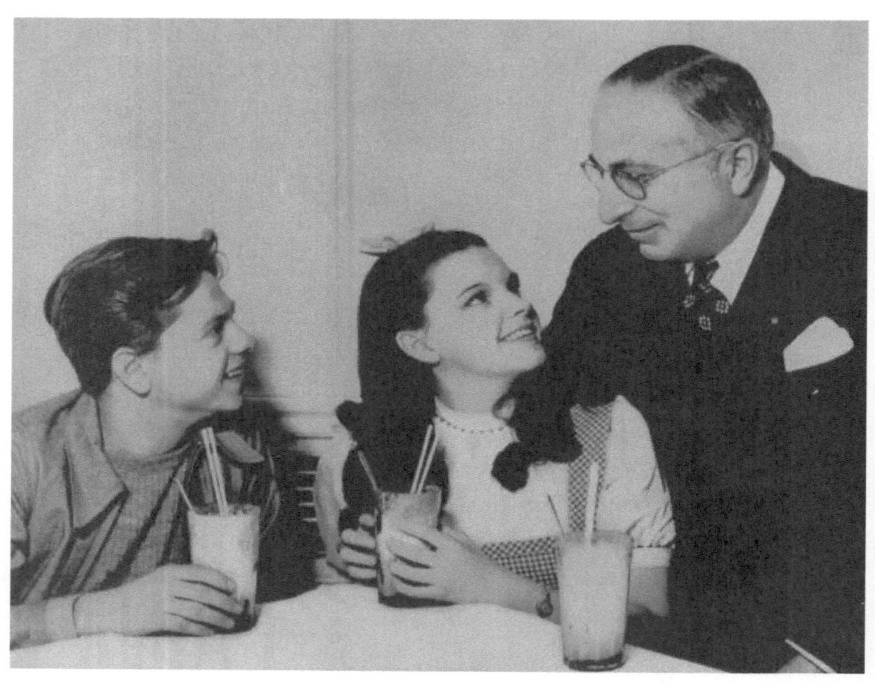

Judy Garland (1922–1969), Mitte,
mit dem Schauspieler Mickey Rooney (links)
und „MGM"-Studiochef
Louis B. Mayer (rechts)

nen" handelte es sich nicht um die rassigen Beine von Betty Grable, wie man meinen könnte, sondern um diejenigen eines Rennpferdes. In jenem Film setzten Studenten, deren College sich in finanziellen Schwierigkeiten befand, auf die Pferdebeine ihre ganze Hoffnung. In einem Interview, das sie 1940 gab, erklärte Betty Grable, sie fühle sich müde und krank und wolle sich vom Show-Business zurückzuziehen. Doch ein gutdotierter und langfristiger Vertrag, den ihr das Filmstudio „20th Century Fox" anbot, bewirkte einen Sinneswandel.

Bei „Fox" stieg Betty Grable bereits mit ihrer ersten Rolle als Glenda Crawford in „Down Argentine Way" (1940) zur nationalen Berühmtheit auf. In Deutschland hieß dieser Film später „Caramba" oder „Galopp ins Glück" und in Österreich „Argentinische Nächte". Das „Lexikon des Internationalen Films" bezeichnete diesen Streifen als „knallbuntes Filmmusical mit rasanten Frauen, Pferden und Melodien", hielt ihn aber nur mäßig amüsant. Mit von der Partie waren Don Ameche (1908–1993), Carmen Miranda (1909–1955) und Charlotte Greenwood (1890–1977).

Die platinblonde Betty Grable war 1,63 Meter groß, wog zeitweise knapp 50 Kilogramm und hatte eine gute Figur. Nach eigenen Angaben aus dem Jahre 1940 hatte sie folgende Körpermaße: Busen 84 Zentimeter, Taille 57 Zentimeter, Hüfte 86 Zentimeter. Ihre betörenden Beine erreichten am Oberschenkel 44,4

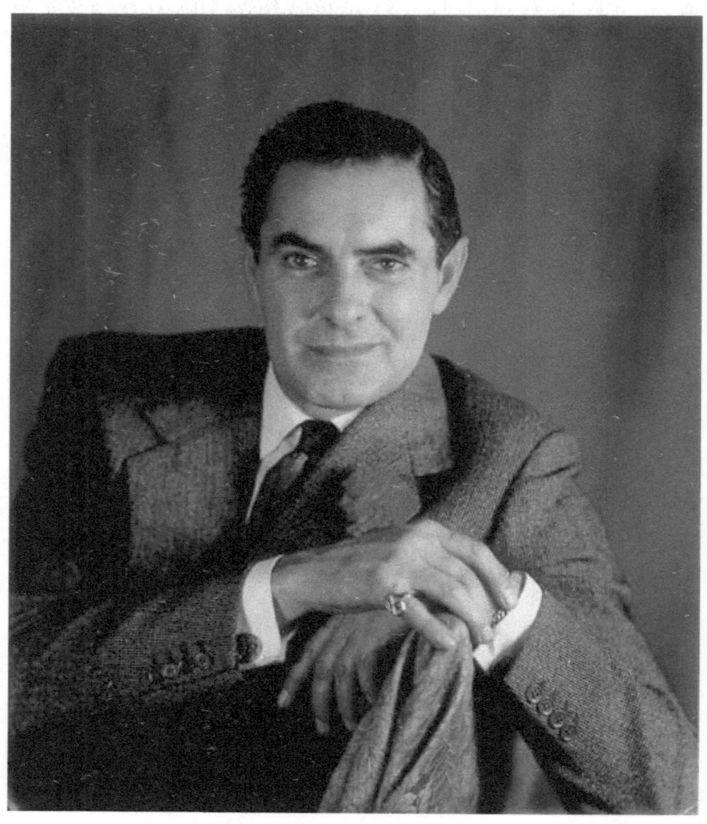

Tyrone Power (1914–1958)

Zentimeter, an der Wade 28,8 Zentimeter und am Knöchel 18 Zentimeter.

Während der 1940-er Jahre brachten einige Farbfilme die weiblichen Reize von Betty Grable besonders zur Geltung. Aus dieser Zeit stammen die Streifen „Song of the Islands" (1942), „Four Jills in a Jeep" (1944), „Pin Up Girl" (1944) und „The Dolly Sisters" (1945).

In „I Wake Up Screaming" (1941) bewies Betty Grable mit ihrer Hauptrolle neben Victor Mature (1913–1999) überraschendes dramatisches Talent. Ihre erste ernste Hauptrolle spielte sie in dem Kriegsfilm „A Yank in the R.A.F." (1942). Dabei handelte es sich um einen Propagandafilm aus der Zeit, in der England gerade die „Schlacht um England" („Battle of Britain") überstanden hatte und die USA noch nicht in den Zweiten Weltkrieg verwickelt waren. Im Film ging es um eine Dreiecksbeziehung, in der sich Carol Brown (gespielt von Betty Grable) zwischen Tim Baker (Tyrone Power) und Wing Commander Morley (John Sutton) entscheiden muss.

Bereits 1943 löste Betty Grable die mollige und blonde Aktrice Alice Faye (1915–1998) als „Königin des Fox-Studios" ab. Während der 1940-er Jahre stieg „20th Century Fox" zu einem der erfolgreichsten Filmstudios auf.

Von 1942 bis 1951 war Betty Grable – von einer Unterbrechung abgesehen – jeweils unter den höchstdotierten Stars der USA vertreten. Vergleichbares gelang später nur noch der Schauspielerin und Sängerin Doris Day.

Zur Zeit des Zweiten Weltkrieges sah man Betty Grable oft in aufwändigen Musicals an der Seite von Carmen Miranda (1909–1955) und John Payne (1912–1989), aber auch in Kurzfilmen für die US-Army. Damals präsentierte sich Betty in Streifen wie „Moon Over Miami" („Allotria in Florida", 1941), „Springtime in the Rockies" („Frühlingsrausch", 1942) oder „Coney Island" (1943) in leicht freizügigen Kostümen und mit mehr oder minder eingängigen Songs. In „Springtime in the Rockies" trat sie sie zusammen mit ihrem späteren Ehemann Harry James auf. „Coney Island" war einer der erfolgreichsten Filme von 1943.

Der Fotograf Frank Polowny (1901–1986) schuf 1943 das berühmteste Pin-up-Foto von Betty Grable im Badeanzug. Es zeigt die Rückansicht von Betty mit rechts nach hinten gedrehtem Kopf und tadelloser Frisur. Ihr Oberkörper ist rechts nach hinten gedreht. Die beiden Arme sind in die Hüften gestemmt. Zwischen dem abgewinkelten rechten Arm kann man die rechte Busenhälfte erahnen. Bekleidet ist sie mit einem einteiligen Badeanzug mit dünnen Trägern und großem Rückenausschnitt. Die makellosen, langen Beine stecken in hohen Stöckelschuhen. Diese Aufnahme wurde vom Magazin „LIFE" als eines von 100 Fotos bezeichnet, die angeblich die Welt veränderten.

Trotz starker Konkurrenz der Filmschönheiten Dorothy Lamour (1914–1996), Veronica Lake (1922–1972), Carole Landis (1919–1948) Lana Turner (1920–1995) und Rita Hayworth (1918–1987) war Betty während der 1940-er Jahre unbestritten das Top-Pin-up-Girl für US-Soldaten. Fotos von ihr zierten Kasernen, Soldatenspinde, Bomberrümpfe, Panzer und Militär-Lastwagen. Betty trat auch oft persönlich vor US-Soldaten auf.

Die Beine des Pin-up-Girls wurden 1943 vom Filmstudio „20th Century Fox" bei „Lloyds" in London für 1,25 Millionen US-Dollar versichert. Das brachte Betty Grable den Spitznamen „The Girl With the Million Dollar legs" ein. Weitere Spitznamen von ihr waren „the quick-silver blonde", „the queen of the Hollywood musical" und „the darling of the forties".

Betty Grable wusste sehr wohl, was sie ihren wohlgeformten Beinen verdankte. Obwohl sie Talent besaß, leugnete sie nie, dass sich sich überbezahlt fühlte. Einmal sagte sie, es gäbe zwei Gründe, warum sie im Showbusiness erfolgreich sei, und auf beiden würde sie stehen.

Schlecht bei den Kritikern, aber gut beim Publikum kam Betty Grable mit dem Film „Pin Up Girl" (1944) an. Darin stellt Betty das Pin-up-Girl Lorry Jones dar. Dieses gilt als Highlight in Militärkantinen und hat fast mit jedem Mann etwas, für den sie ein Foto unterschreibt. Eines Tages entschließt sie sich dazu, für die Regierung

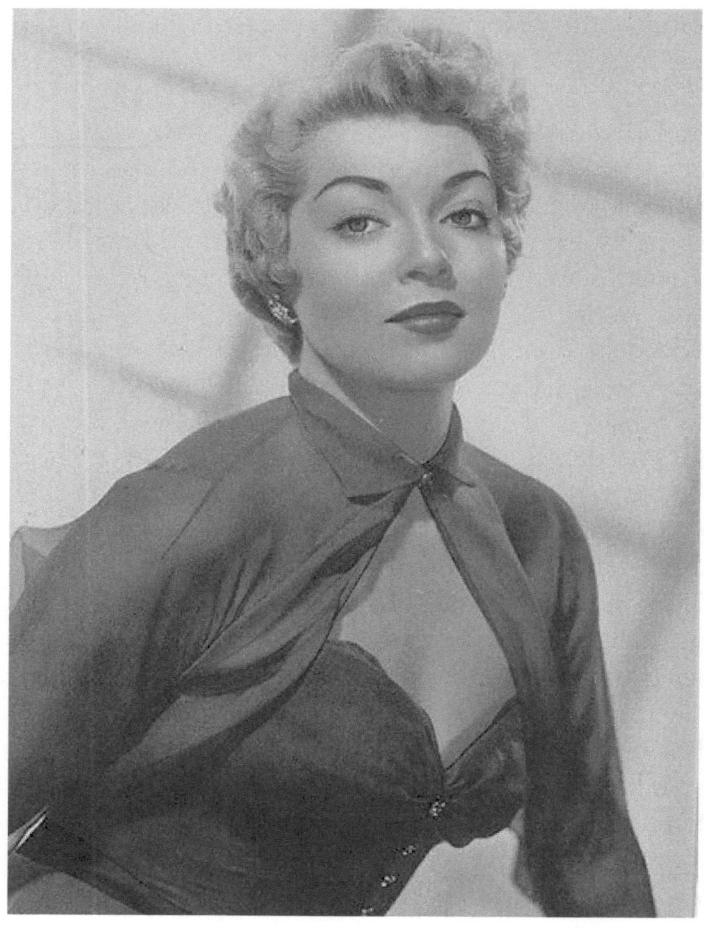

Lana Turner (1920–1995)

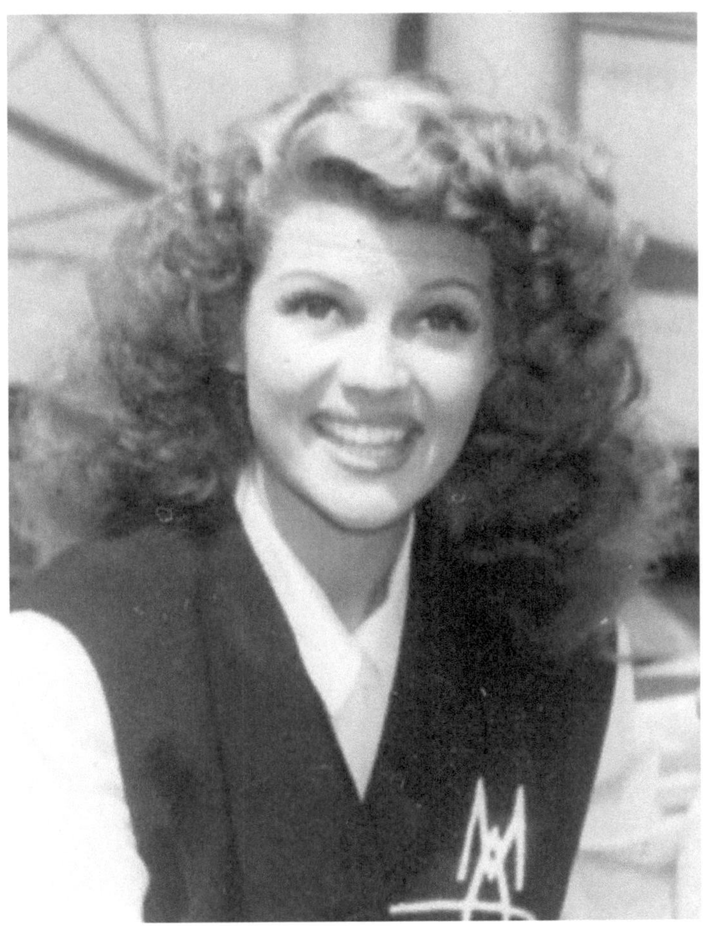

Rita Hayworth (1918–1987)

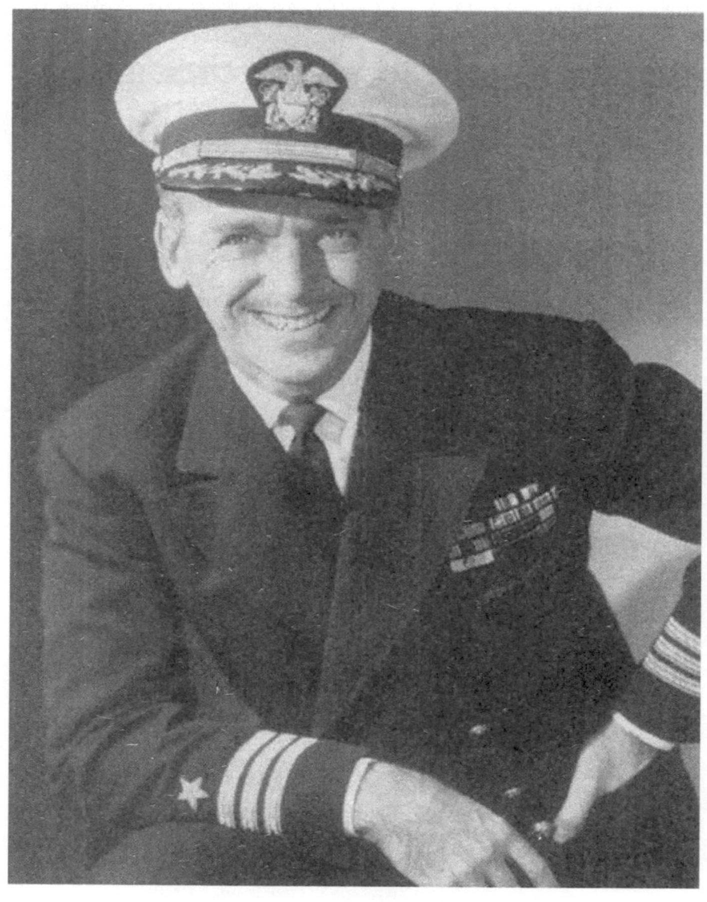

Douglas Fairbanks junior (1909–2000)

zu arbeiten. Während einer Reise nach New York City begegnet sie dem Marinehelden Tom Dooley (gespielt von John Harvey), der ihre große, wahre Liebe ist. Daraus ergeben sich allerlei Komplikationen.

Erfolgreich waren auch die Grable-Filme „Diamant Horseshoes" (1945) neben Dick Haymes (1918–1980) und „The Dolly Sisters" (1945) neben June Haver (1926–2006). „The Dolly Sister" erwies sich als einer der erfolgreichsten Filme von 1945.

Einen Kurzauftritt mit einer Rolle als Mädchen im Taxi hatte Betty Grable in „Do You Love Me" (1946). Dies war der einzige Film, in dem sie in jenem Jahr mitwirkte. Dabei handelte es sich um eine so genannte Cameo-Rolle. Darunter versteht man den Kurzauftritt eines Filmstars, in dem dieser sich selbst spielt.

Nach Angaben des US-Finanzministeriums war Betty Grable 1946/1947 die bestbezahlte Frau in den USA. 1948 galt Betty als bestbezahlte Schauspielerin in Hollywood. Ihr damaliges Jahreseinkommen schätzte man auf 300.000 US-Dollar. Das war damals im Gegensatz zu heute noch sehr viel Geld.

Nur ein mäßiger Erfolg war dem Film „That Lady in Ermine" („Frau im Hermelin", 1948) beschieden. Darin wirkte Betty Grable neben Douglas Fairbanks junior (1909–2000) und Cesar Romero (1907–1994) mit. Betty verkörpert die Herzogin Angelina, deren Hochzeitsfeier um 1861 jäh endet, als Ungarn in ihr Reich einfallen.

Nachts erscheint ihr eine Ahnin, die so genannte Frau im Hermelin, im Traum und rät ihr, den Anführer der Ungarn namens Teglash, um des Friedens willen zu heiraten und ihn später zu ermorden. Angelina befolgt dies zunächst, doch bald hegt sie zarte Gefühle für Teglash und ihr Mordplan kommt ins Wanken.

Zum Flop geriet der Film „The Beautiful Blonde from Bashful Bend" (1949), in dem Betty Grable erneut mit Cesar Romero auftrat. Als musikalische Klassiker gelten dagegen „Wasbash Avenue" und „My Blue Heaven" mit Betty, die beide 1950 in die Kinos kamen.

In „Call Me Mister" (1951), einer Neuauflage von „A Yank in der R.A.F." (1941), trat Betty Grable letztmals zusammen mit Dan Dailey auf. Dieser Film war ebenso wenig ein Erfolg wie „Meet Me After the Show" (1951). Danach gönnte sich Betty eine Auszeit vom Film.

Das Hamburger Nachrichten-Magazin „Der Spiegel" berichtete, die 34-jährige Betty Grable sei bei den amerikanischen Modefirmen nicht beliebt, weil sie prinzipiell nur ganz billige Kleider kaufe. Während eines Besuches in New York City erwarb Betty 1951 in einem großen Warenhaus ein rotes Baumwoll-Sommerkleid für 8,95 US-Dollar, einen Kammgarnrock mit Bluse für zusammen 22,50 US-Dollar, einen Badeanzug für 7,65 US-Dollar sowie einen roten Pullover mit kleinen schwarzen Punkten für 18,75 US-Dollar. Als Betty Grable wünschte, man solle diese Kleidungsstücke an ihre Adresse nach Beverly Hills (Kalifornien) schicken, glaubte ihr die Verkäuferin nicht, dass sie der berühmte Filmstar sei, und verlangte eine Anzahlung. Erst als die Verkäuferin einen Scheck mit der Unterschrift von Betty Grable erhielt, folgte sie ihr kopfschüttelnd in die Herrenabteilung. Dort kaufte Bettys damaliger Ehemann Harry James ein Hemd für 3,95 US-Dollar. Betty Grable verdiente 1950 schätzungsweise rund eine Million US-Dollar, heißt es.

Ab Anfang der 1950-er Jahre kämpfte die Mittdreißigerin Betty Grable nicht nur mit ihrem zunehmenden Gewicht, sondern auch mit neuen Stars wie der zehn Jahre jüngeren Marilyn Monroe (1926–1962). Die 1,65 Meter große, 107 Pfund schwere, platinblonde Marilyn mit den Maßen 94-58-86 Zentimeter schloss im Oktober 1950 mit dem Filmstudio „20th Century Fox" einen Siebenjahresvertrag ab und stahl bald allen anderen „Fox"-Stars die Schau. Bei „Fox" trafen wöchentlich rund 2.000 bis 3.000 Fanbriefe für die Monroe ein. Das war merklich mehr Fanpost als für die „Fox"-Stars Betty Grable, Linda Darnell, June Haver, Susan Howard, Gregory Peck und Tyrone Power.

Zur Entstehung des Marilyn-Monroe-Mythos trugen unter anderem reißerische Geschichten bei, die vom Filmstudio und von der Presse über sie verbreitet wurden. Harry Brand, der Presseagent von „Fox", erklärte einmal: „Bei Shirley Temple kam zwanzigmal im Jahr das Gerücht auf, sie sei gekidnappt worden. Grable wurde angeblich zwanzigmal im Jahr

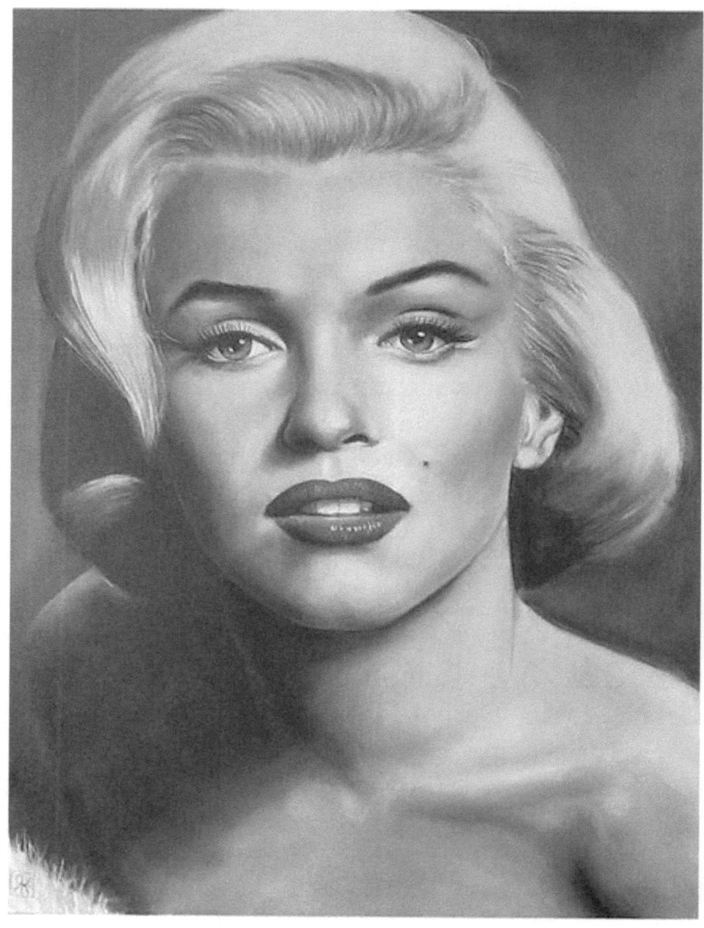

Marilyn Monroe (1926–1962)

vergewaltigt. Bei der Monroe hieß es zwanzigmal, sie sei vergewaltigt und gekidnappt worden".

Hinzu kam, dass die Presseabteilung von „Fox" tausende von Monroe-Fotos an Zeitungen verschickte. So war es kein Wunder, dass während des Koreakrieges Pin-up-Fotos der Monroe bei den US-Soldaten der beliebteste Wandschmuck waren, so wie früher im Zweiten Weltkrieg solche der Grable. Die von so vielen Menschen vergötterte Monroe war aber nie zufrieden mit ihrem Aussehen. Immer wenn sie in einen Handspiegel schaute, entdeckte sie viele optische Mängel, von denen sie glaubte, sie verbergen zu müssen.

Die Newcomerin Marilyn Monroe schnappte Betty Grable eine Hauptrolle in „Gentlemen Prefer Blondes" („Blondinen bevorzugt", 1953) weg. Marilyn spielte darin das materialistisch eingestellte Showgirl Lorelei Lee und Jane Russel (1921–2011) das Showgirl Dorothy Shaw, das sich nicht viel aus Geld macht. Nach allerlei Verwicklungen heiratete Lorelei am Ende den reichen Gus Esmond, dessen Vater zunächst gegen ihre Ehe war, und Shaw ihren Ernie Malone.

In einem Konflikt zwischen Joan Crawford und Marilyn Monroe schlug sich Betty Grable 1953 auf die Seite von Marilyn. Auslöser war der Auftritt der Monroe am 9. Februar 1953 bei einer Preisverleihungsfeier im Speisesaal des „Beverly Hills Hotels" gewesen. Dabei hatte sie ohne Büstenhalter und Schlüpfer ein gewagtes, hautenges, bodenlanges Kleid mit tiefem Rücken-

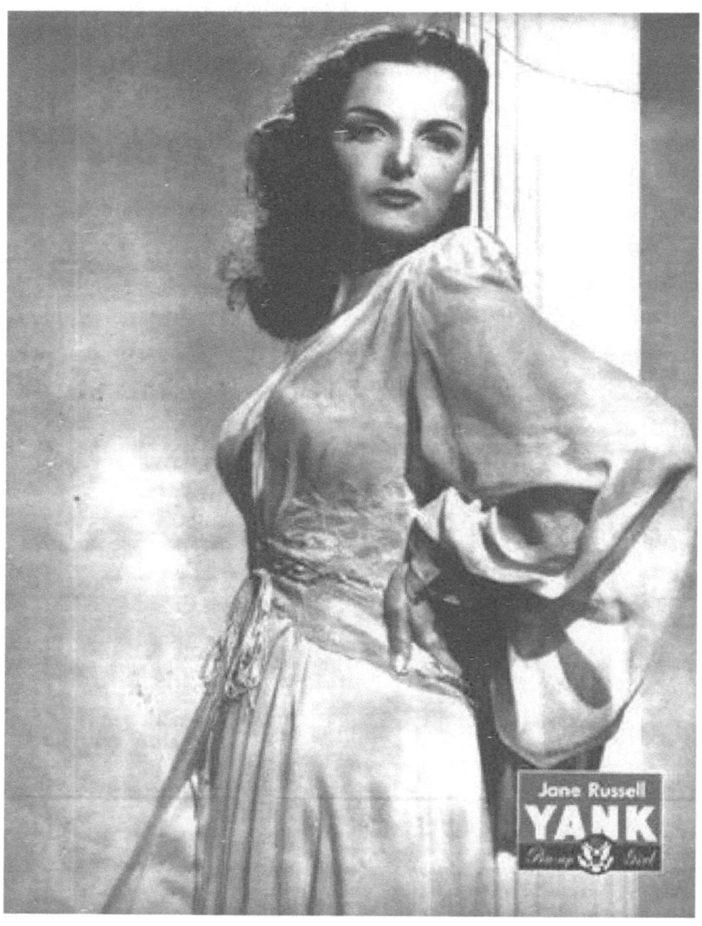

Jane Russel (1921–2011)

ausschnitt aus dem Film „Gentlemen Prefer Blondes"
getragen. Damit stahl sie der 18 Jahre älteren Joan
Crawford (1908–1977) und der sechs Jahre älteren Lana
Turner die Schau. Dies erboste die Crawford so sehr,
dass sie in einer Pressekonferenz ihre Konkurrentin
Monroe heftig kritisierte. Sie sprach von einer „Tingel-
tangelnummer" und meinte, die Öffentlichkeit habe
schon immer eine Vorliebe für provozierende weibliche
Persönlichkeiten gehabt, wolle aber auch wissen, ob sich
hinter dieser Fassade echte Damen verbergen. Jugend-
liche hätten für Marilyn nicht allzuviel übrig, weil es
ihnen nicht gefalle, wie Sex als Lockmittel ausgebeutet
werde. Frauen würden niemals einen Film ansehen, der
für ihre Männer und Kinder nicht passend sei. Bei diesen
Worten vergaß die Crawford offenbar, dass sie selbst in
jungen Jahren auf Tischen halbnackt Charleston getanzt
hatte und in Sexfilmen aufgetreten war. Aber das war ja
schon einige Zeit her.
Auf diese Attacke antwortete Marilyn Monroe erstaun-
lich ruhig. An „Miss Crawfords" Bemerkungen enttäu-
sche sie am meisten, erklärte Marilyn, dass sie diese
immer dafür bewundert habe, was für eine wunderbare
Mutter sie sei, dass sie vier Kinder aufgenommen habe
und ihnen ein schönes Zuhaus biete. Wer wüsste besser
als sie, was das für ein heimatloses, ungewolltes Kind
bedeute. Die uneheliche geborene Marilyn, deren Vater
man nicht genau kannte, war als Kind bei anderen Leuten
und zeitweise in einem Waisenhaus aufgewachsen. Ihre

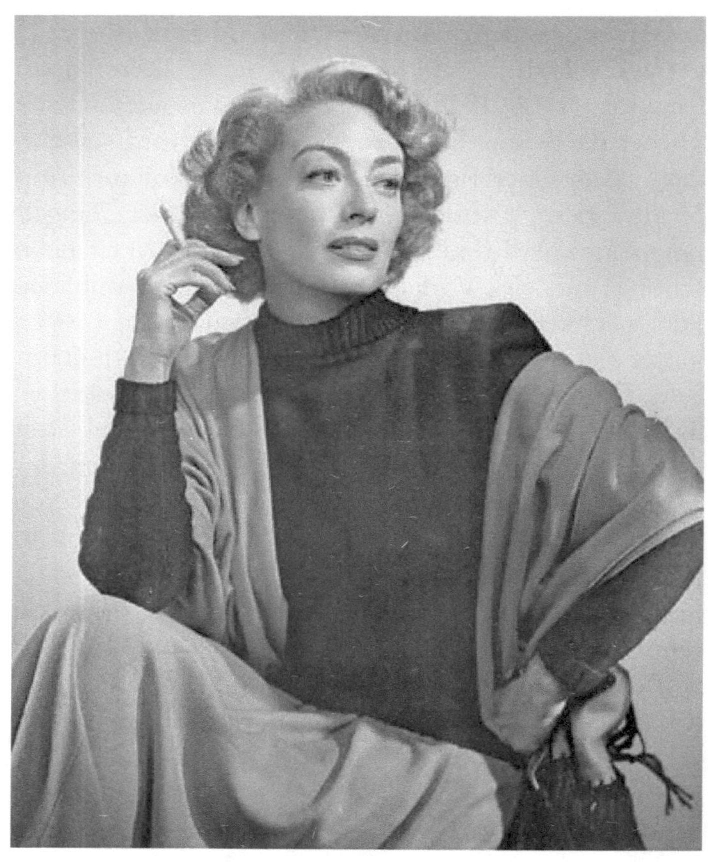

Joan Crawford (1908–1977)

Mutter litt eines Tages an einer schweren Depression und musste in ein Sanatorium.

Im Konflikt zwischen der Crawford und der Monroe meldete sich auch Betty Grable zu Wort. Sie erklärte: „Marilyn ist das Tollste, was Hollywood seit Jahren widerfahren ist. Das Filmgeschäft hat doch nur noch müde vor sich hin geplätschert – und plötzlich – Peng! – war Marilyn da. Sie ist für Hollywood die reinste Wiederbelebungsspritze!" Diese freundlichen Worte veröffentlichte die Presseabteilung des Filmstudios „Fox", als die Blondinen Grable und Monroe mit Lauren Bacall (geboren 1924) im März 1953 mit den Dreharbeiten für „How To Marry A Millionaire" („Wie angelt man sich einen Millionär?", 1953) begannen.

„How to Marry A Millionaire" handelte von drei heiratswilligen Girls, die ihre mageren Einkünfte zusammenlegen, in Manhattan ein Penthouse mieten und losziehen, um sich reiche Männer zu angeln. Bei den Dreharbeiten freundete sich Marilyn mit Betty an. Marilyn telefonierte oft mit Betty, nachdem sich deren jüngere Tochter Jessica bei einem Reitunfall verletzt hatte, tröstete sie und bot ihr ihre Hilfe an. Hocherfreut sagte Betty, Marilyn sei der einzige Mensch gewesen, der sich in dieser schwierigen Zeit bei ihr gemeldet habe. Neidlos sagte sie einmal zur Monroe. „Ich habe meinen Ruhm gehabt – jetzt bist du an der Reihe".

1955 sah man Betty Grable noch in den Filmen „Three for the Show" („Liebe im Quartett") mit Jack Lemmon

(1925–2001) und „How the Be Very, Very Popular" mit der Newcomerin Sheree North (1932–2005). „Three for the Show" war ihr letzter Auftritt in einem Musical. In „How the Be Very, Very Popular" hätte die Grable wieder zusammen mit der Monroe auftreten sollen, aber diese fand das Drehbuch zu schlecht und lehnte ab.

In der zweiten Hälfte der 1950-er Jahre hatte Betty Grable oft Streitigkeiten mit Führungskräften des Filmstudios „20th Century Fox". Bei einem Streit mit Studio-Chef Darryl F. Zanuck (1902–1979) soll Betty ihren Vertrag mit „Fox" zerrissen und wütend aus dem Büro von Zanuck gerauscht sein. Eines Tages verabschiedete sich Betty von „Fox", das immer mehr die Monroe als ihre Nachfolgerin aufbaute.

Vergeblich bemühte sich Betty Grable um die Rolle der „Miss Adelaide" in der Verfilmung des Musicals „Guys and Dolls" (1955). Wegen ihrer kranken Hunde ließ sie aber einen Termin mit dem renommierten Produzenten Samuel Goldwyn von „MGM" platzen, was diesen so erzürnte, dass er die Grable für jene Rolle nicht mehr in Betracht zog. Die auf die 40 zugehende Betty hatte vielleicht noch nicht begriffen, dass sie den Höhepunkt ihrer Karriere bereits überschritten hatte.

Die Filmdatenbank „Internet Movie Database" („IMDb") erwähnt für die Zeit von 1929 bis 1958 insgesamt 80 Kinofilme von Betty Grable. Die lange Liste beginnt mit „Happy Days" (1929) und endet mit

„How to Be Very, Very Popular" (1955). Außerdem werden etliche Fernsehauftritte aus den Jahren 1956 bis 1958 aufgelistet.

Nachdem sich Betty Grable vom Filmgeschäft zurückgezogen hatte, begann sie eine erfolgreiche Karriere als Nachtclub-Sängerin. Dabei trat sie oft an der Seite ihres letzten Ehemannes auf. In den 1960-er Jahren wirkte sie in Musicals – wie „Guys and Dolls" (1962), „High Button Shoes" (1964), „Born Yesterday" (1965) und „Hello Dolly" (1965) – am Broadway in New York City mit.

In den 1960-er Jahren sah man Betty Grable in Werbespots für „Playtex"-Damenunterwäsche. Zu jener Zeit soll ihr zweiter Ehemann ihre Ersparnisse aufgebraucht haben.

Ab 1967 führte Betty Grable die Wanderbühne „Hallo, Dolly". 1969 trat die inzwischen 52-Jährige in dem Musical „Belle Starr" in London auf. Dieses Stück wurde nach Verrissen in den Medien eingestellt. Ihre letzte Rolle spielte sie mit 56 als „Billie Dawn" in „Born Yesterday", das im Februar 1973 am „Alhambra Dinner Theatre" in Jacksonville (Florida) aufgeführt wurde.

Erster Ehemann von Betty Grable war ab 20. November 1937 der Schauspieler Jackie Coogan junior (1914–1984), ein ehemaliger Kinderstar. Die erste Ehe litt sehr unter dem starken Stress, den Jackie wegen einer Klage gegen seine Eltern angestrengt hatte sowie unter Geldstreitig-

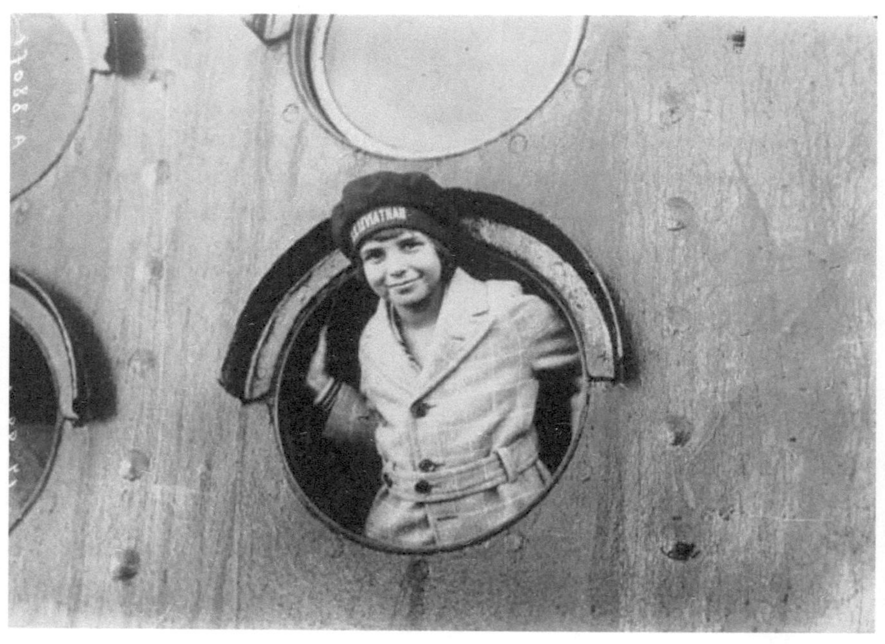

Jackie Coogan junior (1914–1984)

keiten zwischen Betty und Jackie. Am 8. Oktober 1940 erfolgte die Scheidung.

Während seiner Zeit als Kinderstar hatte Jackie Coogan insgesamt rund 4 Millionen US-Dollar verdient, die für ihn in einem Fonds angelegt wurden. Seine Eltern lebten getrennt und Jackie wohnte bei seinem Vater. Seine Mutter hatte eine Beziehung mit Jackies ehemaligem Manager Arthur L. Bernstein. Das vom Vater verwaltete Geld sollte Jackie mit Erreichen seiner Volljährigkeit erhalten. Fünf Monate vor der Volljährigkeit starb der Vater von Jackie bei einem Autounfall. Das Erbe ging an Jackies Mutter, weil deren Ehe noch nicht rechtmäßig geschieden worden war. Als Jackie monatelang sein Geld nicht erhielt, verklagte er seine Mutter und seinen Stiefvater. Der Prozess endete nach mehr als einem Jahr mit einem Vergleich. Von dem Vermögen war damals jedoch bereits nicht mehr viel übrig geblieben.

Vom 5. Juli 1943 bis zum 9. Oktober 1965 dauerte die zweite Ehe von Betty Grable mit den Trompeter und Big-Band-Chef Harry James (1916–1983). James hatte bereits eine achtjährige Ehe mit Louise Tobin hinter sich, war Vater von zwei Kindern und erst zwei Tage vor der Trauung mit Grable geschieden worden. Wider Erwarten stieg die Beliebheit von Betty durch ihre Heirat mit James sogar noch. Ein US-Soldat schrieb beispielsweise an den Ehemann: „Wir sollten zornig auf Sie sein, weil sie den Liebling unseres Stützpunktes geheiratet haben. Aber es hätte kein netterer Kerl sein

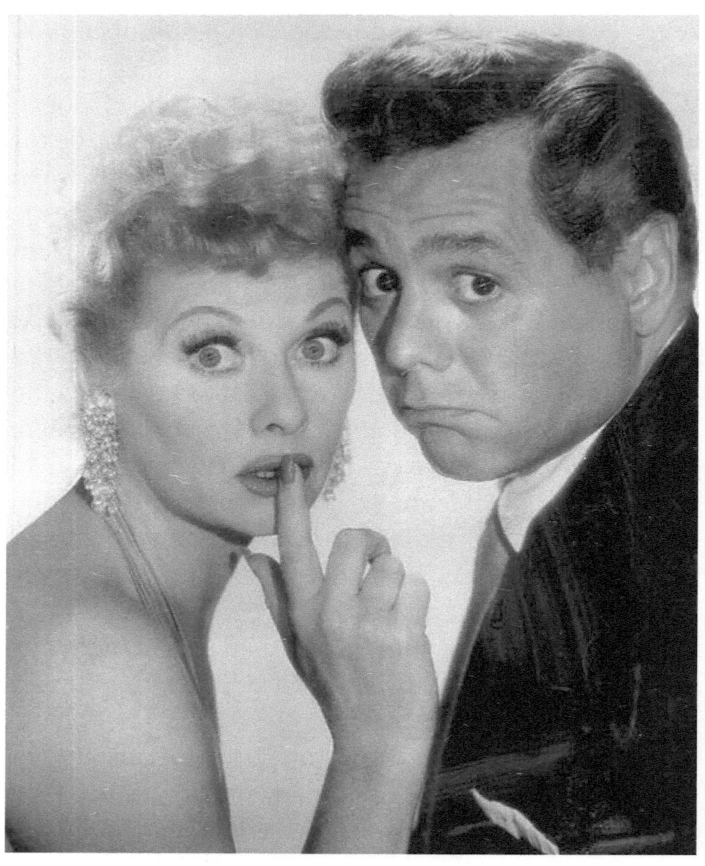

*Desi Arnaz (1917–1986), rechts,
und Lucille Ball (1911–1989)*

können als Sie". Aus der zweiten Ehe gingen am 3. März 1944 die Tochter Victoria Elizabeth und am 20. Mai 1947 die Tochter Jessica hervor. Als Betty Grable erstmals Mutter wurde, schickten ihr US-Soldaten viele Geschenke für das Baby. Aus dem „Betty-Grable-Fan-Club" entstand der „Familie James-Fan-Club". Die US-Soldaten schrieben Betty viele Briefe über ihre Frauen und ihre Babies. Ihr Ehemann Harry James war nur für Außenstehende, die ihn nicht näher kannten, ein netter Kerl. Seine Ehe mit Betty war von seiner Untreue und seinem Alkolismus geprägt. Nach 22 Jahren kam es zur Scheidung.

Danach wurde der einige Jahre jüngere Tänzer Bob Remick der Lebensgefährte von Betty Grable. Ihre Beziehung währte bis zum Tod von Betty im Jahre 1973. Im Internet werden Desi Arnaz (1917–1986) und Oleg Casini (1913–2006) als zeitweilige Freunde von Betty bezeichnet. Der kubanische Bandleader und Schauspieler Arnaz war von 1940 bis 1960 der Ehemann der Schauspielerin Lucille Ball (1911–1989) gewesen und hatte oft Affären mit anderen Frauen gehabt.

Betty Grable war bekannt für ihren Humor, ihre freundliche Art und eine gehörige Portion Selbstironie. Ihr Privatleben war frei von Skandalen. In der Politik war sie Anhängerin der Republikaner. Weil sie selbst keine schöne Kindheit hatte, bemühte sie sich stets, ihren eigenen Kindern Victoria und Jessica eine gute Mutter zu sein. Sie rauchte viele Jahre Zigaretten, litt unter der

Angst vor Menschenmengen (Demophobia) und war Schlafwandlerin (Somnambulismus). Das Schlafwandeln oder Nachtwandeln (auch Mondsucht genannt) ist ein Phänomen, bei dem der Schlafende ohne aufzuwachen das Bett verlässt, umhergeht und teilweise auch Tätigkeiten verrichtet.

Kurz vor ihrem Tod machte Betty Grable als Mittfünfzigerin noch Werbung für kalorienarme Lebensmittel. Ihre gute Figur und ihre wohlgeformten Beine straften ihr wahres Alter Lügen.

Bei der „Oscar-Verleihung" 1972, für die Betty Grable als Co-Moderator eingeplant war, hatte sie starke Probleme beim Atmen und wurde in ein Krankenhaus eingeliefert. Die starke Raucherin war, wie man feststellte, an Lungenkrebs erkrankt. Da sie – wie viele Amerikaner – keine Krankenversicherung hatte, ging Betty weiterhin ihrer Arbeit nach, um ihre Behandlungskosten bezahlen zu können. Weil sich der Krebs immer mehr ausbreitete, musste sie wiederholt ins „St. John's Hospital" in Santa Monica (Kalifornien) eingeliefert werden. Am 2. Juli 1973 erlag Betty Grable im Alter von 56 Jahren im „St. John's Hospital" in Santa Monica ihrem Krebsleiden. Ihr Leichnam wurde verbrannt und ihre Asche in der Familiengruft ihrer Eltern auf dem Friedhof „Inglewood Park Cemetery" beigesetzt. Gäste bei der Trauerfeier in der „All Saints Episcopal Church" in Beverly Hills waren ihr Ex-Gatte Harry James sowie die Hollywood-Stars Dorothy Lamour, Shirley Booth,

Mitzi Gaynor, Johnnie Ray, Don Ameche, Cesar Romero, George Raft, Alice Faye und Dan Dailey, die teilweise mit ihr zusammen Filme gedreht hatten. Auf der Kirchenorgel spielte man das Lied „I Had the Creaziest Dream" aus dem Grable-Film „Springtime in the Rockies" (1942).

Nach ihrem Tod hinterließ Betty Grable wegen unbeglichener Krankenhausrechnungen und Steuerforderungen beträchtliche Schulden. Ihr Haus wurde versteigert. In ihrem Safe soll sich ein Zettel befunden haben, auf dem zu lesen war: „Sorry, there's nothing more".

An Betty Grable erinnern Sterne auf dem „Walk of Fame" in Hollywood und auf dem „St. Louis Walk of Fame". Auch in der „Hall of Famous Missourians" gedenkt man ihrer. Der Songschreiber und Sänger Neil Sedaka widmete ihr 1974 das Lied „Betty Grable". Darin hieß es: „When I used to be a little kid I used to go Every saturday afternoon to the picture show I looked up at the screen my life was so serene I lived through every dream with my movie queen Betty Grable ..." Hugh Hefner, der Gründer des „Playboy", verriet am 23. April 2007 in einem Interview, Betty Grable habe ihn zur Gründung des „Playboy"-Imperiums inspiriert.

Filme von Betty Grable

(Auswahl)

1929: Happy Days, nicht im Abspann erwähnt
1930: Let's Go Places, nicht im Abspann erwähnt
1930: New Movietone Follies of 1930, nicht im
Abspann erwähnt
1930: Whoopee!, , nicht im Abspann erwähnt
1931: Kiki, nicht im Abspann erwähnt
1931: Crashing Hollywood, unter dem
Künstlernamen Frances Dean
1931: Ex-Sweeties, unter dem Künstlernamen
Frances Dean
1931: Palmy Days, nicht im Abspann erwähnt
1931: Once a Hero, unter dem Künstlernamen
Frances Dean
1932: The Greeks Had a Word for Them, nicht im
Abspann erwähnt
1932: Lady! Please", unter dem Künstlernamen
Frances Dean
1932: Hollywood Luck, unter dem Künstlernamen
Frances Dean
1932: Probation
1932: The Flirty Sleepwalker, unter dem
Künstlernamen Frances Dean

1932: Hollywood Lights, unter dem Künstlernamen
Frances Dean
1932: The Age of Consent, nicht im Abspann
erwähnt
1932: Hold ‚Em Jail
1932: Over the Counter, nicht im Abspann erwähnt
1932: The Kid from Spain, nicht im Abspann
erwähnt
1933: Cavalcade, nicht im Abspann erwähnt
1933: Child of Manhattan
1933: Melody Cruise, nicht im Abspann erwähnt
1933: What Price Innocence?
1933: The Sweetheart of Sigma Chi
1933: Air Tonic
1934: School of Romance
1934: Love Detectives
1934: Elmer Steps Out
1934: Business Is a Pleasure
1934: Susie's Affairs
1934: Student Tour, nicht im Abspann erwähnt
1934: Tanz mit mir! / Scheidung auf Amerikanische
/ Lustige Scheidung (The Gay Divorcee)
1934: By Your Leave
1934: Ferry-Go-Round
1935: This Band Age
1935: The Spirit of 1976
1935: The Nitwits
1935: A Night at the Biltmore Bowl

1935: Drewing Rumors
1935: Old Man Rhythm
1935: A Quiet Fourth
1936: Collegiate
1936: Marine gegen Liebeskummer / Die Matrosen kommen (Follow the Fleet)
1936: Geborene Verbrecher (Don't Turn ,em Loose)
1936: Der springende Punkt (Pigskin Parade)
1937: This Way Please
1937: Thrill of a Lifetime
1938: College Swing
1938: Give me a Sailor
1938: Campus Confessions
1939: Man About Town
1939: Million Dollar Legs
1939: The Day the Bookies Wept
1940: Caramba / Argentische Nächte / Galopp ins Glück (Down Argentine Way)
1940: Tin Pan Alley
1941: Allotria in Florida (Moon Over Miami)
1941: A Yank in the RAF
1941: I Wake Up Screaming
1942: Song of the Islands
1942: Footlight Serenade
1942: Frühlingsrausch (Springtime in the Rockies)
1943: Coney Island
1943: Sweet Rosie O'Grady
1944: Four Jills in a Jeep

1944: Pin Up Girl
1945: Diamond Horseshoe
1945: The Dolly Sisters
1946: Do You Love Me, nicht im Abspann erwähnt
1947: The Shocking Miss Pilgrim
1947: Die reizendsten Eltern der Welt / Es begann in Schneiders Opernhaus / Die Betty vom Variete (Mother Wore Tights)
1948: Die Frau im Hermelin (That Lady in Ermine)
1948: When My Baby Smiles at Me
1949: The Beautiful Blonde from Bashful Bend
1950: Varieté-Prinzessin (Wabash Avenue)
1950: My Blue Heaven
1951: Call Me Mister
1951: Meet Me After the Show
1953: The Farmer Takes a Wife
1953: Wie angelt man sich einen Millionär? (How to Marry a Millionaire)
1955: Liebe im Quartett (Three for the Show)
1955: How to Be Very, Very Popular

Quelle: Wikipedia und Internet Movie Database

Literatur

FEMBIO Frauen-Biographie-Forschung
HEINZLMEIER, Adolf / SCHULZ, Bernd /
WITTE, Karsten: Die Unsterblichen des Kinos, Band
2, Glanz und Mythos der Stars der 40er und 50er Jahre,
Frankfurt am Main 1980
INTERNET MOVIE DATABASE
(Film-Datenbank)
http://www.imdb.com
PROBST, Ernst: Superfrauen 7 – Film und Theater,
Mainz-Kostheim 2001
PROBST, Ernst: Königinnen des Films, München 2012
PUBLIKUMSLIEBLINGE NICHT NUR VON
GESTERN http://www.steffi-line.de
Internetseite von Stephanie D'heil, Düsseldorf
SPOTO, Donald: Marilyn Monroe. Die Biographie,
München 1993
WIKIPEDIA (Online-Lexikon)
http://wikipedia.org
WINNERT, Derek (Herausgeber): Betty Grable. Aus:
Kino. Die große Welt der Filme und Stars, S. 77, Nie-
dernhausen 1995

Bildquellen

Klaus Benz, Fotograf, Mainz-Laubenheim: 50
Bibliothèque nationale de France (Foto von Agence
Meurisse von 1924): 34
Ralf Krampe/CC-BY-SA2.0: 26, Ölgemälde von 2005,
http://www.ralf-krampe.kulturserver-nrw.de
(via Wikimedia Commons), lizensiert unter
CreativeCommons-Lizenz by-sa-2.0-de
http://creativecommons.org/licenses/by-sa/2.0.de/
legalcode
Library and Archives Canada (Fotos von Yousuf Karsh
(1908–2002):
(Foto von 1946): 16
(Foto von 1948): 30
Library of Congress, Prints and Photographs Division,
Washington (Foto um 1916): 12
Metro-Goldwyn-Mayer (Publicity still released by
MGM): 14
National Archives and Records Administration (Foto
eines Beamten oder Angestellten einer US-amerika-
nischen Regierungsbehörde in Ausübung seiner
dienstlichen Pflichten): 21

Reproduktion eines „Publicity Photos" für
„The Lucille Ball-Desi Arnaz Show" im Herbst 1957:
36
Eiga No Tomo (Foto vom Februar 1951): 20
U.S. Navy Photo (Foto eines Seemanns oder Ange-
stellten der U.S. Navy im Verlauf seiner offiziellen
Arbeit): 22
Yank, the Army weekly: 10
Yank, the Army weekly (Foto vom 21. September 1945):
28
Yank, the Army Weekly (Foto auf dem Cover vom 26.
November 1943): 1

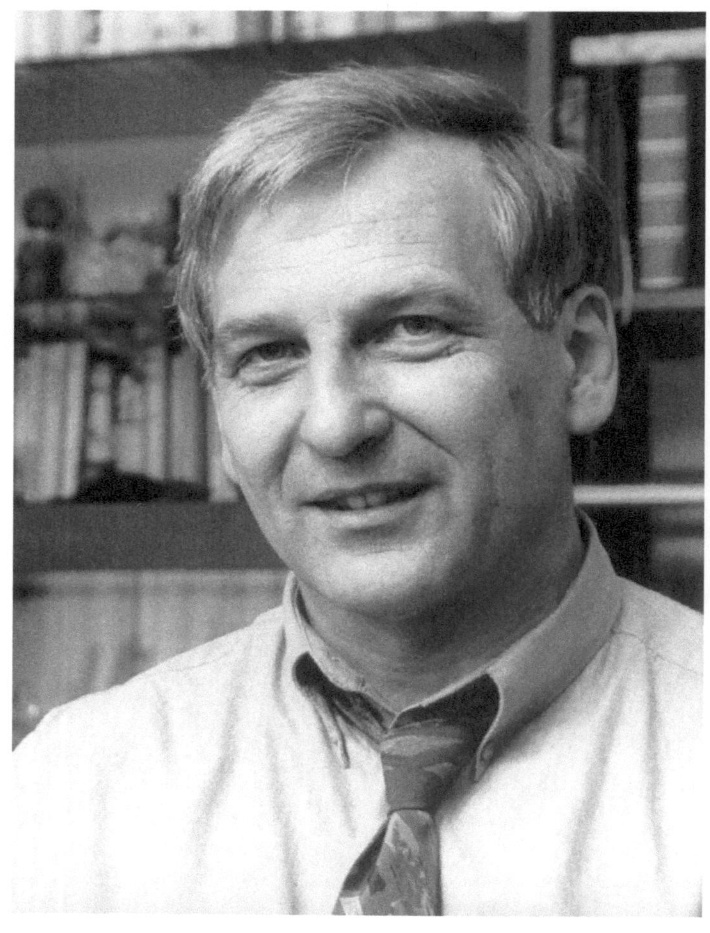

Autor Ernst Probst

Der Autor Ernst Probst

Ernst Probst, geboren am 20. Januar 1946 in Neunburg vorm Wald im bayerischen Regierungsbezirk Oberpfalz, ist Journalist und Wissenschaftsautor. Er arbeitete von 1968 bis 1971 als Redakteur bei den „Nürnberger Nachrichten", von 1971 bis 1973 in der Zentralredaktion des „Ring Nordbayerischer Tageszeitungen" in Bayreuth und von 1973 bis 2001 bei der „Allgemeinen Zeitung", Mainz. In seiner Freizeit schrieb er Artikel für die „Frankfurter Allgemeine Zeitung", „Süddeutsche Zeitung", „Die Welt", „Frankfurter Rundschau", „Neue Zürcher Zeitung", „Tages-Anzeiger", Zürich, „Salzburger Nachrichten", „Die Zeit", „Rheinischer Merkur", „Deutsches Allgemeines Sonntagsblatt", „bild der wissenschaft", „kosmos", „Deutsche Presse-Agentur" (dpa), „Associated Press" (AP) und den „Deutschen Forschungsdienst" (df). Aus seiner Feder stammen die Bücher „Deutschland in der Urzeit" (1986), „Deutschland in der Steinzeit" (1991) und „Deutschland in der Bronzezeit" (1996). Von 2001 bis 2006 betätigte sich Ernst Probst als Buchverleger sowie zeitweise als internationaler Fossilienhändler und Antiquitätenhändler. Insgesamt veröffentlichte er rund 200 Bücher, Taschenbücher, Broschüren und E-Books.

Bücher von Ernst Probst

(Auswahl)

Als Mainz noch nicht am Rhein lag

Annie Oakley
Die Meisterschützin des Wilden Westens

Archaeopteryx. Der Urvogel
aus Bayern

Christl-Marie Schultes. Die erste Fliegerin in Bayern
(zusammen mit Theo Lederer)

Cortés und Malinche. Der spanische Eroberer
und seine indianische Geliebte

Der Europäische Jaguar

Der Mosbacher Löwe
Die riesige Raubkatze aus Wiesbaden

Der Rhein-Elefant
Das Schreckenstier von Eppelsheim

Der Sögel-Wohlde-Kreis

Die nordische Bronzezeit in Deutschland

Die Hügelgräber-Kultur in Deutschland

Die ältere Bronzezeit in Nordrhein-Westfalen

Die Bronzezeit in der Lüneburger Heide

Die Stader Gruppe

Die Oldenburg-emsländische Gruppe

Die Urnenfelder-Kultur in Deutschland

Die ältere Niederrheinische Grabhügel-Kultur

Die Unstrut-Gruppe

Die Helmsdorfer Gruppe

Die Saalemündungs-Gruppe

Die Lausitzer Kultur in Deutschland

Rund 70 Kurzbiografien berühmter Fliegerinnen,
Ballonfahrerinnen, Luftschifferinnen,
Fallschirmspringerinnen, Astronautinnen und
Kosmonautinnen

Königinnen des Films

Königinnen des Tanzes

Königinnen des Theaters

Malende Superfrauen

Meine Worte sind wie die Sterne

Die Entstehung der Rede des Häuptlings Seattle
(zusammen mit **Sonja Probst**)

Monstern auf der Spur
Wie die Sagen über Drachen, Riesen
und Einhörner entstanden

Neues vom Ur-Rhein
Interview mit dem Geologen und Paläontologen
Dr. Jens Sommer

Österreich in der Frühbronzezeit

Österreich in der Mittelbronzezeit

Österreich in der Spätbronzezeit

Pompadour und Dubarry. Die Mätressen
von Louis XV.

Raub-Dinosaurier von A bis Z.
Mit Zeichnungen von Dmitry Bogdanav
und Nobu Tamura

Rekorde der Urmenschen
Erfindungen, Kunst und Religion

Rekorde der Urzeit
Landschaften, Pflanzen und Tiere

Säbelzahnkatzen. Von Machairodus
bis zu Smilodon

Säbelzahntiger am Ur-Rhein. Machairodus
und Paramachairodus

Superfrauen aus dem Wilden Westen

Tony und Bruno Werntgen. Zwei Leben für die Luftfahrt
(zusammen mit Paul Wirtz)

Was ist ein Menhir?
Interview mit dem Mainzer Archäologen
Dr. Detert Zylmann

Weisheiten der Indianer

Wer ist der kleinste Dinosaurier?
Interviews mit dem Wissenschaftsautor Ernst Probst

Wer war der Stammvater der Insekten?
Interview mit dem Stuttgarter Biologen
und Paläontologen Dr. Günther Bechly

Zenobia von Palmyra.
Eine Frau kämpft gegen die Römer

Bestellungen bei: http://www.grin.com